Leuchten sollst Du

**Bruno Hans Bürgel (1875–1948)**

# Bruno H. Bürgel

# Leuchten sollst Du

GEDANKEN UND SENTENZEN

Herausgegeben von Matthias Stark

Atelier – Galerie Stark

In Erinnerung an den Bürgel-Biografen
Arnold Zenkert

**Matthias Stark**, Jahrgang 1963, wurde in Radeberg geboren und lebt in Stolpen. Er ist Autor von Prosa und Lyrik, betreibt einen Internet-Blog und ist Mitglied der „Interessengemeinschaft deutschsprachiger Autoren" (IGdA) sowie im „Selfpublisher-Verband". Bisher veröffentlichte er in zahlreichen Anthologien sowie als Autor und Herausgeber mehrere Bücher.

*Bibliografische Information der Deutschen Nationalbibliothek:*
*Die Deutsche Nationalbibliothek verzeichnet diese Publikation in*
*der Deutschen Nationalbibliografie; detaillierte bibliografische Daten*
*sind im Internet über http://dnb.dnb.de abrufbar.*

*Titelbild und Seite 2: Zeichnung von Gudrun Stark*
*Lektorat und Korrektorat: Christiane Stark*

*Herstellung und Verlag: BoD – Books on Demand, Norderstedt*
*ISBN: 978-3-7519-1994-4*

# Die Nacht

Nun kommt die stille Nacht gezogen,
Der Wind schläft in den Bäumen ein;
Es steigt der Mond durch Wolkenwogen
Der Nebel wallt in seinem Schein.
Es geht ein Raunen durchs Gezweige,
Ein leises Murmeln tönt im Rohr,
Es spielt auf seiner tiefen Geige,
Der Geist der Nacht mit seinem Chor.

# Herbst

Verwehet und verhallet
ist nun des Sommers Pracht
es lagert auf den Fluren
des Herbstes trübe Nacht.
Nun heulet durch die Gassen
der Winde wüster Chor
und um die roten Giebel
legt sich des Nebels Flor.
Nun brennt in stiller Kammer
der flackernde Kamin
und rote Lichter weben
durch Nacht und Dämmer hin.
Da lässt sich's herrlich träumen
von Tagen schön und mild
und aus den lichten Räumen
steigt sacht der Liebsten Bild.

Das Leben ist eine lange, oft beschwerliche Pilgerreise, an deren Ende so mancher die Frage aufwarf: Wozu war's eigentlich? Wer als ein ehrlicher Kerl seinen Weg dahin wandeln will, sich und der Umwelt gerecht, dem wird der Himmel selten voller Geigen hängen, und er wird endlich lernen, dass man ein Tor ist, wenn man immer auf „das große Glück" hofft, das wie die verwunschene Prinzessin im Märchenwald, plötzlich in himmlischem Glanze vor einem steht, alle Sorge in Freud, alles Leid in süße Erfüllung wandelnd. Er wird erkennen, dass das Glück des Lebens in treuer Pflichterfüllung besteht und in ganz kleinen, zunächst unscheinbar anmutenden Freuden, die am Wege blühen wie ein Feldblümchen, Erquickung gebend wie die kleine, rieselnde Quelle, die der ermüdete Wanderer unvermutet aus dem moosigen Geröll des steinigen Bergweges hervorbrechen sieht, justament in dem Augenblick, da ihm die Zunge zum Halse heraushängt und er den ganzen Krempel verdammt satt hat!

Wer sich eine Weltanschauung zu bilden vermochte, der das Kleine, Engherzige, der Überhebung und Unduldsamkeit fremd sind, wird weder ein Kriecher noch ein Bedrücker sein, wird das Gefühl für Gerechtigkeit haben und im besten Sinne sozial denken.

Es gibt keine Promenadenwege zum Erfolg; alle Pfade, die dahinführen, sind steinig und ermüdend. Bitte zahlen! – Am Ende unseres Lebensweges aber steht der Fürst des Schattenreiches und präsentiert die Schlussrechnung, denn auch das Leben wird nicht geschenkt.

Bücher machen Schicksale!

Tief im Herzen wohnt das Glück, wohnt die Zufriedenheit. Dem Nächsten ein Helfer zu sein, dem Schwachen ein Stützer, mit Humor und Versöhnlichkeit der Menschen Fehler, des Lebens kleine Tücken zu ertragen, das erfüllt mit jener Freude und Ruhe, die des Glückes Ackerboden ist. Ackern aber ist Arbeit, und in der Tat kann kaum etwas so glücklich machen als die Arbeit, Freude am Werk, am Streben und Vollbringen!

Wir müssen die Kunst wieder lernen, den kleinen Freuden des Lebens Geschmack abzugewinnen. Wem es nicht gelingt, zur rechten Zeit ein paar Sonnenstrahlen glücklich einzufangen, die innerlich durchleuchten, dessen Seele wird grau bleiben wie der Tropfen Tau ohne Sonnenschein.

Der große Neuerer ist immer unbequem, denn er zwingt seine Zeitgenossen, umzulernen. Es liegt in jedem Menschen eine gewisse geistige Trägheit, ein Beharrungsvermögen. Wir stehen nicht gern vom Sessel auf, in dem wir es uns bequem gemacht haben, und es gibt auch „geistige Sessel".

Wie spät erkennen wir, dass die Vornehmheit nicht im Frack, in Brillantringen und in einer Zehnzimmer-Wohnung liegt. Wie lange dauert es, bis wir begreifen, wie wenig Wohlhabenheit mit Glücklichsein zu tun hat, dass sie eine Sache des Herzens, nicht des Geldbeutels ist, und wie spät lernen wir zwischen „Ruhm" und „Verdienst" zu unterscheiden!

Nein, es gibt keine Paradiese mehr! Man muss sie sich selbst schaffen, tief drinnen im Herzen.

Die Menschen sind ja früher auch keine Engel gewesen; wahrhaftig nicht! Das liegt dem Bruder Zweibein nun einmal nicht. Er will leben, und nicht schlecht, und so sucht er – je nach der Weise seines Gewissens und seiner Courage, gegenüber dem rächenden Arm der Justiz – seinen Vorteil, auch wenn dem lieben Nächsten dabei einige Zechinen[1] mehr verloren gehen, als es von Rechts wegen sein sollte.

Gütig sein, heißt sich selbst beglücken.

Ja, irgendeinen kleinen Altar muss man sich im Alltag aufbauen, auf dem man die Kerzen der Freude anzündet.

---

[1] Goldmünzen

Aber ist nun einer, der wie ein Lexikon auf hundert Fragen aus den verschiedensten Gebieten zutreffende Antworten geben kann, ein „Gebildeter"? Nein! Er ist ein Wissender! Unter Bildung verstehen wir noch etwas anderes. Wer weiß nicht, dass es „ungebildete Gebildete" gibt? Leute, die eine ganze Masse wissen und die dennoch ungehobelt wirken, durch ihr Benehmen abstoßen.

Leben heißt Anteil haben an den Fragen, die die Welt bewegen, schaffen, streben, kämpfen, wirken, zustimmen, ablehnen, lieben, hassen, weinen, jauchzen.

Das Unglück der Welt liegt in der Tatsache, dass es zu viele Leute und zu wenige Menschen gibt.

Jedes Zusammenleben wäre unmöglich, wollten wir in banalsten Alltagsgegensätzen das schwere Geschütz der heiligen Justitia auffahren. Viel Unglück kommt dadurch über die Menschen, dass sie mit Hörnern und Klauen immer nur das verteidigen wollen, was sie ihr „Recht" nennen.

Jeder, der auch nur einigermaßen Menschen kennt, weiß, dass Selbstdenker recht dünn gesät sind und die Masse leicht geneigt ist, hinter irgendwelchen Aposteln herzulaufen, mögen sie nur religiöse oder politische oder andere Lehren auf den Markt bringen – „Geistige Epidemien".

Unterschätzt den Menschen nicht! Ist er nicht der einzige auf diesem Stern, in dem sich die Welt Gottes widerspiegelt? Streicht den Menschen aus der Natur, und es ist niemand da, der die Sonne und die Sterne besingt und den Frühling preist.

Zeiten kommen und gehen auf diesem Stern! Der Mensch, dem „der Schein des Himmelslichts gegeben", wechselt nicht nur, mit der Mode gehend, die Tracht, das äußere Gewand, er wandelt sich auch in all seinem Tun und Lassen, wandelt seine Weltanschauung.

In der Tat, der Mensch ist immer noch zu sehr von seiner Stellung als bevorzugtes Wesen im Mittelpunkt der Welt überzeugt, dass er sich Gottvater nach seinem Bild gestaltet und so sollen noch naive Seelen leben, die sich damit zufrieden geben.

Wahres Menschentum steht gewöhnlich auf der Höhe des Zeitgeschehens nicht gerade im Vordergrund.

**L**ass dich nicht durch Äußerlichkeiten verblüffen, urteile nicht nach dem Rock, nach der Beletage[2], nach der Güte der Teppiche, die über der Klopfstange hängen, sondern denke immer daran, dass der Wert eines Menschen sich richtet nach seiner Lauterkeit, seiner Ehrlichkeit, seiner Arbeitsamkeit, seiner Herzensbildung, seinem Taktgefühl, seiner Menschengüte! Alles andere ist Oberfläche und Maske.

♦♦♦ und so will ich zuerst von den Feinden sprechen. Ich zähle sie hier auf, wenigstens nenne ich die schlimmsten Schurken, die uns anfallen können auf dem schon nicht leichten Weg, an dessen Ende das Unbekannte steht: Unzufriedenheit, Neid, Habsucht, Trägheit, Dummheit, Stumpfheit, Unmäßigkeit.

---

[2] bevorzugtes Geschoss eines großbürgerlichen Wohnhauses

Der Mensch bleibt sich im Grunde immer gleich, zum mindesten haben sich seit den Tagen der alten Ägypter Hirne und Herzen nicht sehr gewandelt. Liebe, Hass, Güte und Habgier, Machtbedürfnis und ängstlicher Wille zur Unterordnung, Intelligenz und Dummheit schieben seit grauen Tagen die Figuren auf dem großen Schachbrett des Weltgeschehens hin und her – nur die Spieler wechseln.

Achtet jeden ehrlichen und braven Menschen, er sei seines Zeichens, was er sei. Die kleine Näherin kann auf ihre schwieligen Hände stolzer sein als die elegante Nichtstuerin auf ihre Elfenfingerchen. Nichts ehrt und ziert mehr, als ernste, die Welt voranbringende Arbeit, werde sie in Fabriken oder Kontoren, hinterm Pflug oder in der Studierstube, im Haushalt oder Bergwerk geleistet, und nichts erniedrigt mehr, als seinen eigenen Wert durch falschen Schein zu verdecken.

Die meisten Menschen haben verlernt, vom klaren Quellwasser der Natur zu trinken und Freude da zu empfinden, wo sie am reinsten ist; sie haben den Blick dafür verloren, dass es im Grunde wertloser Plunder ist, an dem wir vielfach unser Herz hängen. Aber wir müssen lernen, die kleinen Freuden dieser Welt mehr zu werten, die zarten Blumen und Gräser, um die der Tau Diademe hängt, die die Morgensonne liebt, die ein sanfter Wind umschmeichelt. Die großen Geschehnisse in unserem Leben sind selten, der große Schmerz und die große Freude sind gleich rar im kurzen Dasein eines Menschen.

Der anständige Mensch schaut nicht spöttisch hin, wenn dem Nächsten in sittlicher Beziehung irgendwo ein Knopf am Rocke fehlt, sondern erinnert sich vielmehr, dass er seine auch erst vor nicht langer Zeit festnähen musste.

Im Grunde ist's der alltägliche kleine Ärger, die alltägliche kleine Sorge, die uns aufreibt im Wechsel der Zeiten, und es sind die kleinen harmlosen Freuden, die der Augenblick bringt, die uns beglücken und versöhnlich stimmen. Man muss den winzigen Acker abernten mit der Sichel der Bescheidenheit und nicht vergessen, dass alle Dinge nur aufleuchten in dem Licht, das aus uns selber kommt.

Ist der einzelne Mensch schon, wie einmal jemand humorvoll sagte, „nicht ohne Webfehler", die je nach Veranlagung, seiner Bildung und seinem Taktgefühl mehr oder weniger störend empfunden werden könnte, so ist der Mensch als Masse, und da wo er als Masse wirkt und auftritt, keine sehr erfreuliche Naturerscheinung.

Die Beurteilung eines Mitmenschen ist sehr, sehr schwer! Menschenkenntnis ist eine schwierige Kunst. Wer von uns kennt sich denn selber. Sei darum vorsichtig in der Beurteilung deiner Mitmenschen, namentlich im verwerfenden Urteil! Du kannst nicht ermessen, was jenen drückt, worunter er leidet, was ihn veranlasst, so und nicht anders zu handeln. Du kannst nicht wissen, welche verzwickten Verhältnisse deinen Nächsten zwingen, sein Leben abweichend von dem deinen, wohl gar abweichend von der allgemeinen Norm, zu gestalten.

Die schönsten Märchen schreibt die Natur! Jede Schneeflocke und Gänseblume ist eins.

Die Natur ist der ewige Jungborn, der alle Pillenschluckerei unnötig macht.

Es ist eine alte Erfahrung, dass sich die Menschen weniger durch Taten als durch Worte verwunden und die Zunge ein schärferes Instrument sein kann als das Schwert. Darum Vorsicht mit dem Wort, doppelt Vorsicht mit dem Modewort und dem Schlagwort! Es ist immer schwer, Menschen zu beurteilen. Glück und Unglück, Frieden und Krieg, Freude und Trauer hängt ab von Worten.

Im Grunde ist eine Wiese von Sommerblumen ebenso rätselvoll wie die Sterne der Milchstraße.

Wer den Himmel nicht in sich trägt, sucht ihn vergebens im ganzen Weltall!

Nennet mir etwas, das größer ist als die Liebe der Menschen zum Menschen!

Wer nicht einen taufrischen Frühlingsmorgen an einem stillen märkischen See so ganz tief im Herzen erfühlt, in all seinem Zauber, der wird genau so verständnislos vor den Wellingtonien[3] des Yellowstone-Parks stehen, oder die Blaue Grotte Capris betrachten.

Jede Religionsgemeinschaft baut Altäre auf, und im Laufe der menschlichen Geschichte wurden alte gestürzt und neue errichtet, aber der größte Altar, vor dem alle Religionsstifter in den Stunden ihres schwersten Ringens mit Gott und Menschen auf den Knien lagen, er ist ewig: Es ist die Natur selbst.

Die Tragik unserer Epoche liegt darin, dass Wissenschaft und Technik in phantastische Möglichkeiten emporgestiegen, aber die Herzen verarmen.

---

[3] Samen des Riesenmammutbaums

Es ist vielleicht einer der größten Irrtümer der Menschheit, zu glauben, dass man die Welt mit Paragraphen und Verordnungen von ihren Leiden befreien könne. Könnte man das, sie wäre längst davon befreit.

Jeder erfüllte Wunsch macht uns ärmer!

Es ist eines braven Menschen niemals unwürdig, die Hand zur Versöhnung zu bieten, und die besten Fechter sind nicht immer die besten Männer. Nicht das Rechthaben ist das Höchste und das stolze Bewusstsein eigener stocksteifer und korrekter Makellosigkeit, sondern die Menschenfreundlichkeit, die begütigt und Brücken schlägt.

Ein Arbeiter zu sein, ein fleißiger, tüchtiger, Werte schaffender Arbeiter, der vom Ertrag des Werkes seiner Hände lebt, recht und rechtlich, das ist ein leuchtender Ehrenschild, und mir ist eine einzige solide nette und adrette Arbeiterin lieber als das ganze pelzverbrämte und mit Brillanten behangene Weibszeug, das sich in Nachtlokalen herumtreibt.

Es gibt eine Höflichkeit des Herzens, die von allen Sprachen des Erdenrundes verstanden und ohne welche die Welt sehr arm und sehr kalt wäre.

Arbeit, welcher Art immer sie sei, adelt den Menschen. Arbeitskleid ein Ehrenkleid, ob Bluse, Bürorock, das ist gleich.

Kein Tag sei ohne irgendeine kleine Freundlichkeit dem Nächsten gegenüber, sei es ein bescheidenes Helfen, sei es nur ein gutes Wort und ein freundlicher Blick.

Wie immer sein Leben war und ausgeht, es ist geadelt, wenn er von sich sagen kann: Ich habe nach bestem Wissen und Gewissen meine Pflicht getan, ich strebte nach dem Guten und nach der Wahrheit.

Es sind nur wenige, die darüber nachdenken, dass wir alle, auch wenn wir uns ganz fremd sind, einander zu danken haben. Jeder kann nur leben, und in Sicherheit sich des Lebens erfreuen, wenn unzählige Ferne, Unbekannte auf Posten stehen, ihre Pflicht erfüllen.

Nutznießer alles Geschaffenen zu sein, das ist leicht!

Ist nicht Beethoven, ist nicht Mozart mitten unter uns, wenn wir ihre Musik hören, geistert nicht Daguerre neben uns, wenn wir Photographien betrachten, leben nicht Watt, Stephenson, Fulton und Philipp Reis, Goebel und Edison, Hertz und Marconi, und wie sie alle heißen, bei uns, wenn wir vor Dampfmaschinen stehen, mit der Eisenbahn fahren, mit dem Schiff, oder wenn wir das Telefon und die Glühlampe benutzen und am Rundfunkgerät sitzen. „Ich war es, ich", flüstern sie uns zu, „der es ersann in heißen Nächten, der sich mühte, litt, siegte! Ich bin unvergessen, ich wirke fort!"

Seid nicht gerecht, sondern gütig!

Einer der schlimmsten Feinde des Arbeiters ist der Alkohol. Ich halte ihn für wesentlich schlimmer als alle Industriebarone zusammen.

Wenn der sterbliche Mensch überhaupt eine Aufgabe auf diesem die Sonne umwandelnden Planeten hat, dann ist es die, ein aufrechter Kämpfer zu sein für die Vollendung des Menschentums, für Menschenrecht und Menschenwürde, für Wahrheit und Gerechtigkeit. An sich selbst arbeiten, das ist die erste und wichtigste Forderung gerade in unserer Zeit für den, der wirklich beitragen will zum Aufstieg der Menschheit, und hier ruht auch für alle, die neues Leben, Keime für neue Generationen in dem großen Garten der Menschheit pflanzen, die ernste, wichtige Pflicht: In unser aller Hand ruht die Würde der Menschheit!

Wir dürfen nicht vergessen, dass die Zukunft der Welt vom Können und Wissen abhängt. Dummheit ist eine Weltgefahr!

Kultur ist Seele, ist Innerlichkeit, hat nichts zu tun mit elektrischem Licht und Wasserklosett. Längst vor der Schaffung dieser gewiss angenehmen Einrichtungen gab es Menschen von höchster Kultur, und heute gibt es ungeheure kulturlose Massen trotz solcher technischen Schöpfungen.

Hütet Euch vor den Dummköpfen, denen alle Wunder, sei es die in der Natur oder die, die geniale Menschen schufen, zu stumpfen Alltäglichkeiten wurden! Sie werden niemals die Welt auch nur um einen Zentimeter weiterbringen.

Die Erkenntnis verbreiten, dass es unsere Pflicht ist, dem Tier, das in unsere Hand gegeben ist, mit Achtung vor allem, was Leben heißt, entgegenzutreten, dass wir als die mächtigsten und klügsten der irdischen Geschöpfe Verantwortung haben gegenüber „unseren Brüdern im Busch, in Luft und Wasser", das heißt überhaupt Verantwortung wecken gegenüber dem Leid ganz allgemein. Wer kann sich vorstellen, dass ein Tierschinder je gütig gegen Menschen ist und vor deren Leid Achtung hat?

Es ist viel Dummheit, viel Böswilligkeit in der Welt, viel Rohheit. Viel Ballast, viel überlebter Plunder behindert die Fahrt des Kulturwagens. Es muss der Ehrgeiz jeden gesund empfindenden, klugen, weitsichtigen Menschen sein, ein Fackelträger zu sein.

Es wird eine Zeit kommen, in der dann die lebenden Menschen auf uns zurückblicken, wie wir auf die Jägerhorden der Urzeit.

Lasst Euch nicht mit jenen alten Rattenfängergedanken abdrängen von diesem geraden und klaren Ziel! „Kriege hat es immer gegeben, wird es immer geben!" „Der Gedanke des ewigen Friedens ist unmännlich und Lammfrömmigkeit!" „Die Ehre einer Nation erfordert ihr kostbarstes Gut: das Blut ihrer Männer!" Fegt sie hinweg, diese Vorstellungen einer in Wahrheit längst hinter uns liegenden Kulturepoche! Mit den gleichen fadenscheinigen Redensarten, oder mit sinngemäß ähnlichen, hat man in frühen Jahrhunderten andere Barbareien gedeckt, Christenverfolgungen und Judenverfolgungen, Ketzerverbrennungen und Hexenprozesse, Länderraub und Beutegier in fremden Erdstrichen, denen ganze Völker zum Opfer fielen.

Der Mensch ist in der Tat eine tragische Ge-
stalt, weil er pendeln muss zwischen dem Licht
und der Finsternis, zwischen Sternensehnsucht
und Erdgebundenheit.

Die Welt, in der wir leben, ist nicht mehr
denkbar ohne das Buch! Man muss es immer
wieder sagen, dass auch das Lesen eine Kunst
ist.

Es gibt Bücher, die die Welt aus den Angeln
heben.

Nur eigene Geistesarbeit schmiedet die Panzer,
an dem die Pfeile der Schlagworte abprallen,
und nur sie verhindert politische und kulturelle
Rattenfängerei, die Unwertes als Wertvolles
erscheinen lassen möchte.

Das Publikum wäre für wissenschaftliche Errungenschaften gar nicht aufnahmefähig, wenn der volkstümliche Mittler nicht vorgearbeitet hätte.


Mehr Respekt vor dem populärwissenschaftlichen Schriftsteller: Wer immer am großen und ach so schweren Kulturwagen zieht, verdient unsere Achtung und auch der, der am Wege nebenher geht und gelegentlich mit in die Speichen greift.


Dem populärwissenschaftlichen Schriftsteller ziemt dem wirklichen Forscher gegenüber Bescheidenheit, denn er ist nur sein Interpret, wie der Schauspieler und der Musiker Interpreten des Dichters und der Komponisten sind.

Jede Wissenschaft und liegt sie der Allgemeinheit scheinbar noch so fern, ist mit ungemünztem Gold zu vergleichen, wenn sie direkt oder indirekt zum Allgemeingut der Nation, der Menschheit, wird.

Nicht die Faust wird uns befreien, sondern das Hirn.

Drum glaub ich nicht, dass vor dem Herrn der Welten des Talmud und des Alkoran Bekenner weniger als die Christen gelten!

Man darf nie Kirche mit Religion verwechseln. Auch im Bestreben, Gutes zu tun, kommt menschliche Unzulänglichkeit zutage! Religion ist Inhalt, Kirche Gefäß.

Wie schrecklich wäre es, wenn die Jugend die reife Wahrheit, die Bedächtigkeit, den Pessimismus des Alters hätte.


Die Weisheit der Mütter ist vielen bequem. Ach, es dauert lange, bis wir klug werden, und wenn wir es selbst geworden sind, sind die Mütter nicht mehr da und haben nicht mehr die Genugtuung verspäteter Anerkennung. Das Leben ist lang und die Welt weit, aber am weitesten ist der Weg zu sich selbst!


Mann und Weib können einander zu Höhen empor tragen und in Abgründe hinunter zerren.

Man muss doch sagen, dass die Welt heute auch nicht viel schlechter aussehen könnte, wenn sie bisher von Frauen geleitet worden wäre. Die Weltgeschichte, die Männer seit 6000 Jahren machten, ist vor allem durch das Wort Gewalt charakterisiert.

Nein, es ist nicht leicht, das, was Mann und Weib in seligen Frühlingstagen empfanden und sich gelobten, in allen Stürmen des Lebens durchzuführen, die Liebe, die Wärme, den Glanz hinüberzuretten in den Herbst, da die Sonne tiefer steht und die Blätter anfangen zu gilben.

Leuchten sollst Du – und auch wärmen!

Auch über den engen Gassen stehen die Sterne.

Das sind die Weisen, die vom Irrtum zur Wahrheit reisen.

Menschliche Maße muss man daheim lassen, wenn man andere Welten betritt.

Man kann ohne Hummer leben, aber nicht ohne Humor.

Mit dem Wein ist es wie mit der Wahrheit, man kann damit anstoßen.

Wer der Sonne entgegenwandert, lässt die Schatten hinter sich.

Ich wollte, dass alle Mächtigen gütig und alle Gütigen mächtig wären.

Sei höflich, Mensch, aber nicht devot!

Niemand ist vor seinem Eintritt in die Kaltwasser-Heilanstalt glücklich zu preisen.

Der Humor ist das Öl im quietschenden Getriebe des Lebens mit seinen vielen Reibungen.

Man ertrüge dieses Leben nie, ohne Humor und Philosophie.

**E**rfolg hat im Leben und Treiben der Welt, wer Ruhe, Humor und Nerven behält.

**W**as für ein Krämerladen wäre die Welt, wenn es nicht Menschen gäbe, die nach den Sternen greifen.

**I**m Grunde ist eine Wiese von Sommerblumen ebenso rätselvoll wie die Sterne der Milchstraße.

**W**enn ich der Komet wäre, würde ich mich mehr vor den Menschen fürchten, als die Menschen Ursache hätten, mich selbst zu fürchten.

Das Genie ist ja seiner Zeit immer weit voraus, wird daher niemals von der Masse der Mitlebenden verstanden werden. Später nach hundert Jahren, werden dann den Gekreuzigten, Verbrannten und Verbannten Standbilder errichtet, und kümmerliche Bierbäuche halten davor an Jubiläumstagen Festreden!

Der Mensch stirbt zweimal! Das erste mal scheidet er aus dem Kreise der Lebendigen, das ist, wann man lange gelebt hat und sozusagen alles in der Welt kennenlernte, weiter kein Unglück. Das zweite mal aber und gewissermaßen endgültig stirbt man, wenn man aus dem Gedächtnis seiner Angehörigen, seiner Freunde, der Öffentlichkeit entschwunden ist, als hätte man nie gelebt. Das ist bitter für einen, der allzeit rechtschaffen war mit den Menschen.

Alles in der Welt ist relativ! Wenn ich im Walde spazieren gehe und mich an Wipfelrauschen und Vogelgesang erfreue, so gehört er mir, und wenn er zehnmal dem Fürsten Itzenplitz gehört! Der wundervolle Sternhimmel gehört mir, mir ganz allein.

Das Leben ist ein verflixter Klumpen von Freuden und Leiden, und gerade die kleinen Dinge des Alltags sind es, die uns erheitern und umbringen, denn das ganz Große ist viel zu selten, und mancher erlebt es niemals.

Die Astronomie, die Wissenschaft von den leuchtenden Sternen, fern im Raum, hat von jeher das Interesse aller Menschen erregt, die über den Alltag hinweg denken.

Kein Abenteuer ist so bunt wie das Leben selbst!

Wer recht in das Wesen der unendlichen Natur eingedrungen ist, verliert sowohl den Eigendünkel wie auch die unwürdige Devotion vor anderen Menschen: Die Astronomie lehrt uns Bescheidenheit und Würde.

Es kommt nicht auf die Zahl der Tage an, die man auf Erden wandelt, sondern auf deren Inhalt. Leben heißt eigentlich erleben.

Ja, wie ernst wäre das Leben, wenn man nicht über seine Narrheiten mitunter aus voller Kehle lachen könnte!

Ein halbes Jahrhundert der Erfahrung hat mir bewiesen, dass gerade die Wissenschaft von den Sternen hier viel Gutes wirken kann. Die Erhabenheit ihres Gegenstandes, die Exaktheit ihrer Beweisführung ergreift den Menschen, der sich ihrer zuwendet. So seltsam es klingen mag: Auch das Wissen um die Sterne kann sich im Alltag auswirken.

An den Gräbern gilt nicht mehr das, was wir an Geld und Gut besaßen, nur das, was wir anderen Gutes taten, jeder in seinem Kreis, und sei er noch so bescheiden. Wir sind Lichter im Wind! Je mehr wir anderen leuchten konnten, je mehr nutzen wir, je stärker wird unser Verlöschen empfunden werden.

Wenn das Haus fertig ist, zieht der Tod ein.

Nun, der Mensch des zwanzigsten Jahr-
hunderts glaubt nicht mehr daran, dass
irgendwelche Planetenkonstellationen die
Geschicke der Völker beeinflussen; sehr reale
Gegebenheiten bestimmen ihre Wege und ihre
Schicksale.

Den Friedensgedanken, dem die Zukunft
gehört, fördern wir nicht durch unsere Auf-
rüstung, sondern durch die Förderung der
allgemeinen Abrüstung.

Es ist erstaunlich, dass es dem listigen Zwei-
bein, das sich den Planeten Erde erobert hat,
gelungen ist, diese Unermesslichkeit mit der
Schärfe seines Verstandes doch so weit zu
durchdringen, dass wir heute über den Aufbau
der Sternenwelt einen Überblick haben.

Und wäre der Mensch im praktischen Denken noch so weit vorgeschritten, er wäre seiner Kultur unwürdig, wenn er nichts über die Rätsel zu sagen wüsste, die ihm allabendlich das gestirnte Firmament aufgibt. Wer nie seine Augen zum Sternhimmel richtete, sei es in Bewunderung oder aus Wissbegier, dem fehlt ein wichtiges Glied in der Kette, die ihn mit seiner Umwelt verbindet.

Wir sind alle nur zitternde Vögel im Weltenbaum, über den das Gewitter der Lebensnot grollend hinwegzieht.

Das gewaltige Weltbild, das uns die Sternforscher unserer Tage liefern, muss in Weltanschauung und Weltgefühl übergehen. Wir müssen lernen, kosmisch zu denken!

# Lebensrezept

Nimm ein Krüglein vom klaren Quellwasser Gesundheit, fülle hinein fünf Esslöffel vom rosenroten Pulver der Liebe, zwei Lot[4] veilchenfarbener Güte und zehn Gran[4] vom golden glänzenden Salz Rechtlichkeit!

Das rühre gut durcheinander und schütte es in den zuverlässigen Topf Zufriedenheit.

Lass alles sich mäßig erwärmen auf dem wohltätigen Feuer froher Arbeit, und ganz zuletzt tue hinein ein paar Messerspitzen von den köstlichen Kristallen, die man nennt:

Ehrfurcht vor dem Unbekannten, Freude an der Natur, Liebe zum Schönen.

Hat sich's klar abgesetzt und gießt du es um in das bunte Fläschchen, das die Aufschrift trägt Humor und Fröhlichkeit, so wird's ein Trank, der lässt dich in Ehren und Freuden zu hohen Jahren kommen.

---

[4] alte Maßeinheiten

Die Sterne lehren uns Bescheidenheit und Würde, und gegenüber der Großartigkeit der Millionen Sternströme des Universums wird all der politische, soziale, kulturelle Kampf; der Kampf um Rasse, Klasse, Religion, Nationalität zu einem Ameisenkrieg, zu einem Streit um sehr relative Werte und „Wahrheiten".

Der trauliche Schimmer, mit dem der treue Erdtrabant unsere Nächte erhellt, ist durchaus nicht sein eigener. Der gute Mond schmückt sich da gewissermaßen mit fremden Federn, der hat sich dieses Licht von der Sonne geborgt und borgt davon einen Teil der Erde, woraus mancher den falschen Schluss zieht, dass das Borgen ein Naturprinzip sei.

Es gibt liebenswürdige Fehler und ganz unausstehliche Vorzüge.

Der kleine Mensch bohrte sich tiefer und tiefer hinein in den sternerfüllten Raum, mit seinem Lichtstümpfchen Erkenntnis leuchtete er hinaus in die ungeheure Nacht der Unendlichkeit, es maß und rechnete, verglich und grübelte, und das alte Weltbild, das er sich gemacht, ging unter. Ein unendlich größeres Weltgebäude erstand unter der beharrlichen Arbeit Hunderter von messenden und rechnenden Astronomen, philosophischen Forschern. Es kann eine solche Weltanschauung, ein solches Weltgefühl nur wachsen auf dem Boden eines großen Weltbildes, das uns weder zu Göttern noch zu Knechten macht!

Ganz privat: Und nun wollen wir einen guten Wuppdich auf die Lebenslampe gießen! Zwar glänzt er golden in dem Glase, doch färbt er kupferrot die Nase.

Wenn wir trockene Schulmeisternaturen sind, wie sie genug umherlaufen und Kinderseelen „formen", dann fahren wir ärgerlich in des Kindes Schmerz hinein und teilen ihm brühwarm unsere graue Lebensweisheit mit. Wenn wir klug sind, lassen wir ihnen die Illusion, die das Leben dann langsam, ganz langsam im Laufe der Jahre, Jahrzehnte, zerblättert wie eine Blume.

Die Welt als Ganzes aber, das für den Menschen unüberblickbare Universum mit all seinen unzählbaren rollenden Welten im Nahen und Fernen, kennt keinen Tod in unserem Sinne; es ist erfüllt von den nie rastenden Energien des ewig schöpferischen Prinzips.

Ein Zwerg kann durch seinen Schatten einen Riesen verdecken.

Glaubt nicht den Stumpfen, den Sachlich-Kühlen, die euch zurufen: „Was gehen euch die fernen Sterne an?" Unendlich viel gehen sie uns an, jedenfalls viel mehr als die erschütternde Tatsache, dass ein Zeitgenosse den Kilometer 2,3 Sekunden schneller durchraste als ein anderer. Großes geht von den Sternen aus, sie heben uns empor über den Alltag, sie belehren uns über die Stellung des Menschen im Weltganzen, sie führen uns zu einer vertieften Betrachtung aller Erscheinungen der Natur und des Lebens und machen uns frei von engstirniger, kleinlicher Gesinnung.

Durch all meine Arbeiten zog sich als roter Faden immer die Tendenz, nicht nur zu belehren, sondern zu erheben, eine kosmische Weltanschauung aufzubauen, das ethische Moment, das in der Betrachtung der Sternenwelt liegt, herauszuarbeiten. Ich war immer ein wenig Poet, und das kam mir bei meinen Arbeiten sehr zustatten.

Was ist der Mensch? Wie lächerlich ist sein Dünkel, sein Machtwahn, wie widerwärtig die Rivalität der Völker. Auch hier kann, selbst für den Freigeist, eine Art Religiosität erwachsen: die Ehrfurcht vor der unbegreifbaren Allnatur.

Vergessen wir nicht, dass das Leben eine hauchdünne Schicht auf einem kleinen Stern ist, der durch das All fliegt.

Selbstdenker sein, nicht zum Gesinnungsautomaten sich erniedrigen lassen, muss vor allem auch das Bestreben unserer Jugend werden.

Kultur ist ein ferner schimmernder Stern über einem Schlachthof. Die Kälber sehen ihn selten, die Schlächter nie.

# Bruno H. Bürgel

- geboren am 14. November 1875 in Berlin als Kind der mittellosen Henriette Sommer und des sich nie zu seinem Sohn bekennenden Prof. Dr. Adolf Trendelenburg
- 1877 Adoption durch das Schuhmacherehepaar Gustav und Christine Bürgel
- 1887 Umzug der Familie in das damals ländliche Weißensee, wo Bürgel ungehinderten Kontakt zur Natur bekommt und erste Beobachtungen durchführt
- Schulentlassung 1889, für kurze Zeit Arbeit in der Schusterwerkstatt des Vaters, Lehre als Steindrucker und Lebensunterhalt als Fabrikarbeiter, später arbeitslos
- Interesse für Naturwissenschaften, mit einem bescheidenen Fernrohr macht er eigene, aber längst bekannte „Entdeckungen"
- Nach der Lektüre eines Buches von Max Wilhelm Meyer, dem Direktor der Urania-Sternwarte Berlin, bittet Bürgel ihn „Diener im Tempel der Urania" zu werden
- 1894 Beginn der Tätigkeit bei der Urania als Hilfskraft (Saaldiener), dort intensive Selbstbildung
- 1897 erste Schritte als Schriftsteller
- 1900 Ende der Tätigkeit bei der Urania

- bis 1919 redaktioneller Mitarbeiter verschiedener Verlage
- 1901 Heirat mit Frau Franziska Sobek (1870–1964)
- 1902 Geburt des Sohnes Walter († 1993)
- 1903 – 1905 Besuch von Gastvorlesungen an der Berliner Universität auf Empfehlung von Prof. Wilhelm Foerster, dem Direktor der Königlichen Sternwarte Berlin
- 1910 erscheint sein Hauptwerk „Aus fernen Welten"
- 1919 erscheinen seine Lebenserinnerungen „Vom Arbeiter zum Astronomen"
- bis 1947 erscheinen insgesamt 22 Bücher mit 2 Millionen Exemplaren, die z. T. in neun Sprachen übersetzt wurden
- Bürgel hält insgesamt rund 2000 Vorträge in etwa 350 Städten, es erscheinen rund 3000 Beiträge für Zeitungen und Zeitschriften, auch Rundfunkbeiträge
- Bruno Hans Bürgel vollendet am 8. Juli 1948 sein schaffensreiches Leben

# Bibliografie Bruno H. Bürgel

- **„Himmelskunde"** im Rahmen des Sammelwerkes Bibliothek des allgemeinen und praktischen Wissens, Berlin 1907
- **„Der Komet Halley"**, Berlin 1910
- **„Aus fernen Welten – Eine volkstümliche Himmelskunde"**, Berlin 1910
- **„Vom Arbeiter zum Astronomen – Die Lebensgeschichte eines Arbeiters"**, Berlin 1919
- **„Die seltsamen Geschichten des Doktor Uhlebuhle – Ein Jugend- und Volksbuch"**, Berlin 1920
- **„Doktor Uhlebuhles Abenteuerbuch – Erzählungen für Jugend und Volk"**, Berlin 1928
- **„Der Stern von Afrika – Ein Roman aus dem Jahr 3000"**, Berlin 1921
- **„Gespenster – Ein spiritistischer Roman"**, Berlin 1921
- **„Menschen untereinander – Ein Führer auf der Pilgerreise des Lebens"**, Berlin 1922
- **„Die Zeit ohne Seele – Ethik im Alltag"**, Leipzig 1922
- **„Du und das Weltall"**, Berlin 1923
- **„Im Garten Gottes – Wandertage und Plauderstunden eines Naturfreundes"**, Berlin 1924
- **„Weltall und Weltgefühl"**, Berlin 1925

- „Die Weltanschauung des modernen Menschen", Berlin 1932 (spätere Auflagen unter dem Titel **„Das Weltbild des modernen Menschen"**)
- „Die kleinen Freuden – Ein besinnliches Buch vom Glück im Alltag", Berlin 1934
- „Sterne über den Gassen", Roman, Berlin 1936
- „Hundert Tage Sonnenschein – Ein Buch vom Sonntag und Alltag des Lebens", Berlin 1940
- „Vom täglichen Ärger – Ein Lesebuch für Zornige, Eilige, Huschelpeter und lachende Philosophen", Leipzig 1941
- „Saat und Ernte – Betrachtungen über Leben und Tod", Berlin 1942 (spätere Auflagen unter dem Titel **„Anfang und Ende"**)
- „Der Weg der Menschheit", Halle 1946
- „Der Mensch und die Sterne", Berlin 1946
- „Die Fackelträger", Berlin 1947

### Anthologien

- „Pilgerreise durch das liebe Leben", Berlin 1952
- „Mensch im All", Berlin 1952
- „Bruno Hans Bürgel – Ein Lebensbild", 1996 (Arnold Zenkert)
- „Ich kenne viele Leute, aber wenig Menschen" Besinnliches und Heiteres von Bruno Hans Bürgel, 2002 (Arnold Zenkert)

53

# Nachbemerkung des Herausgebers

Als ich ein Alter erreicht hatte, in dem man beginnt, ernsthafte Bücher zu lesen, schenkte mir mein Vater eine Anthologie von Bruno H. Bürgel. Es war die im Verlag der Nation erschienene mit dem Titel „Mensch im All". Was er damit auslöste, war eine lebenslange Liebe zu Bürgels Werk. Für mich waren sowohl die schnurrigen Geschichten, wie die um die „Hühner der Frau Tupfentaler", als auch die ernsthaften Abhandlungen über die Welt der Sterne eine Offenbarung. Die „Nacht am Fernrohr" sprach mich in einer Weise an, dass ich Nächte am Fernrohr ähnlich erlebte, sie mit ebensolchen Gedanken verband, wie es Bürgel tat.

Seither habe ich Bücher von unzähligen Autoren gelesen, habe mich in ihr Werk vertieft, fand aber immer wieder zu Bruno H. Bürgel zurück. Seine alltagsphilosophischen Betrachtungen sind erstaunlich aktuell, seine Gedanken über die „lieben Mitmenschen" zeitlos und die Geschichten, wie die des alten „Dr. Uhlebuhle", nach wie vor lehrreich und unterhaltsam. Deshalb ist es sehr schade, dass Bürgel nach und nach in Vergessenheit geriet, sein Werk nicht wieder aufgelegt wurde und es einigen wenigen Liebhabern seiner Bücher zur Aufgabe wurde, Bürgels Gedenken zu bewahren. Zu nennen ist hier an erster Stelle sein Biograf, der langjährige Leiter des „Astronomischen Zentrums Potsdam", Arnold Zenkert. Zenkerts Verdienst ist es, Bürgels Andenken am historischen Ort seines Wirkens bewahrt und eine umfassende Sammlung zu Bürgel in der Gedenkstätte in Potsdam zusammengetragen zu haben.

Als ich zum ersten Mal vor Bürgels Wohnhaus in der Merkurstraße in Babelsberg stand, verstand ich, wie der Schriftsteller und Astronom Bürgel zu seinen Werken fand. In der Ruhe und Abgeschiedenheit, die es zu seiner Zeit hier noch gab, war er der Natur sehr nahe und erlebte vieles, worüber er schrieb.

Obwohl die rein naturwissenschaftlichen und astronomischen Werke mittlerweile nicht mehr dem Stand der Erkenntnisse entsprechen, sind sie nach wie vor unterhaltsam zu lesen. Seine philosophischen Betrachtungen sind jedoch sehr aktuell und werden umso aktueller, je technisierter unsere Gesellschaft wird.

Nachdem nun Bruno H. Bürgels Werk nach siebzig Jahren nicht mehr dem Urheberrecht unterliegt, können seine Bücher in bescheidenem Umfang neu aufgelegt werden.

Das hier vorliegende Büchlein nun enthält Kerngedanken aus dem Schaffen von Bruno H. Bürgel. Es sind kleine Kostbarkeiten, die uns auf der „Pilgerreise des Lebens" von Nutzen sein können. Kluge Sentenzen eines Schriftstellers, der seine Zeit und seine Mitmenschen sehr gut kannte und darum vieles prägnant auf den Punkt zu bringen verstand.

Möge jeder Leser sich von den Worten des Weisen aus Babelsberg beschenken lassen.

*Matthias Stark*

Bruno H. Bürgel

# Vom täglichen Ärger

Ein Lesebuch für Zornige, Eilige,
Huschelpeter und lächelnde Philosophen

Herausgegeben von Matthias Stark